# BRASIL E GUINÉ

## LAÇOS INDISSOLÚVEIS

ALTAIR MAIA

1

# Brasil e Guiné - Laços indissolúveis

ISBN: 9781670901996

Brasil e Guiné – Laços indissolúveis

1. Comércio Exterior

2. América do Sul

3. África

4. Guiné Bissau

5. Brasil

   I.    Título: Brasil e Guine – Laços Indissolúveis

# Sumario.

# ANEXOS

**Anexo I**

A Guiné Bissau e o bloco ECOWAS

**Anexo II**

Importações da Guine Bissau

**Anexo III**

Exportações da Guine Bissau

- Dados do autor
- Outros livros
- Bibliografia

*Este livro é dedicado aos meus amigos em África, especialmente aos amigos da Guiné Bissau.  E tambem aos meus irmãos Eustáquio e José de Sousa Maia. Entusiastas leitores de temas africanos.*

# Brasil e Guiné

Brasil e a Guiné Bissau são diferentes em vários aspectos: no tamanho, na população, no nível de renda.

O Brasil possui 8,5 milhões de quilômetros quadrados, enquanto a Guiné Bissau possui apenas 36 mil quilômetros quadrados de extensão.

A população da Guiné Bissau está se aproximando dos 2 milhões de habitantes, enquanto o Brasil já ultrapassou os 200 milhões de habitantes, há muito tempo.

A produção industrial do Brasil é bastante diversificada, enquanto na Guiné há um amplo espaço para o desenvolvimento de pequenas e medias industrias, com foco no mercado local e regional do ECOWAS.

Porem há algo que une nossos povos: o passado colonial comum, a língua, os hábitos e costumes; e algo que fala mais alto ainda, nossa consanguinidade.

# Apresentação

O Brasil e a Guiné Bissau têm laços históricos, culturais, sociais e sanguíneos, profundos e indissolúveis.

Ao mesmo tempo que os portugueses exploravam a Costa africana (principalmente a Guiné Bissau), exploravam, tambem o território brasileiro, ligando nossos povos através da escravidão.

O período escravagista, que perdurou por mais de três séculos, deixou marcas profundas em nossas sociedades, ligando-nos para sempre.

A independência política da Guine, em 1975, não trouxe a tão almejada independência econômica. A Guiné vive até hoje com graves e persistentes problemas, tanto internos quanto externos.

Com o Brasil foi um pouco diferente. A liberdade política, trouxe maior relatividade econômica mas, da mesma forma que a Guiné, alguns problemas persistem nesses quase dois séculos de liberdade.

E assim, com esse passado colonial comum, chegamos aos dias atuais, cada um com suas dificuldades, porem com grande potencial de desenvolvimento e de relacionamento mutuo.

Neste pequeno livro procuro demonstrar ser viável, factível e desejado um maior relacionamento entre nossos povos e nossas economias.

Espero que os conceitos aqui emitidos possam servir, de alguma forma, para uma política de Comercio Exterior da Guiné Bissau, na busca de sua inserção na comunidade internacional, disputando em igualdade de condições com outras nações pelo mundo afora, e que o Brasil possa ser um desses parceiros na sua busca pelo bem estar social e desenvolvimento.

O Brasil é, incontestavelmente, a maior economia da CPLP. Mas quero deixar registrado que tão importante quanto os demais temas aqui tratados, é a ideia da criação de uma Frente dos PALOP´s no Brasil - FPB.

Essa Frente teria por missão coordenar e uniformizar as solicitações dos embaixadores dos PALOP´s junto ao governo brasileiro, dando mais visibilidade e força ao relacionamento desses dois blocos continentais.

Unidos somos mais fortes.

# Prefácio

Negócios entre povos e nações de todo o mundo são realizados desde que o mundo é mundo; desde que o homem surgiu na terra. Às vezes são negócios entre povos amigos; outras vezes nem tanto.

Para que negócios ocorram, basta que para isso haja o princípio que seja lucrativo para ambos os lados. Ou pelo menos para um dos lados, como ocorre nas relações Europa/África, desde o período colonial. E esse lado que ganha, que tem lucro, garanto que não é a África.

As relações internacionais da Guiné Bissau foram sempre, em maior ou menor grau, com a Europa e, em especial, com o antigo colonizador, Portugal.

O comercio internacional da Guine teve início pouco depois da "descoberta" dessas terras, pelo navegador português, Nuno Tristão, em 1446.

Escravos, ouro, marfim e especiarias da terra eram os produtos demandados pelos portugueses, que reinavam soberanos em toda a região.

Mas mesmo antes dos portugueses, os povos da região de Bissau, que eram parte do Império do Mali, mantinham comercio com diversas outras regiões da Costa Oeste africana.

Essa tradição comercial, via de regra de produtos agrícolas, ficou adstrita a esses produtos desde aqueles tempos que longe se vão, até os dias de hoje.

Por todo o período colonial, e mesmo após a independência, o país não conseguiu desenvolver uma base industrial que lhe permitisse atender o mercado interno e diversificar sua pauta de trocas internacionais.

A independência, que se seguiu a guerra travada com Portugal, na década de 70 do século passado, e liderada por Amílcar Cabral, não trouxe paz à Guiné e nem o tão sonhado progresso e do desenvolvimento econômico.

As guerras internas, e os golpes de estado que se seguiram à independência, ou os momentos de tensão política como os que estamos vivendo, travaram o desenvolvimento da Guiné e provocaram certo isolamento da comunidade internacional.

É chegado o momento da Guiné manter o registro histórico, mas esquecer o lado ruim do passado. Capitalizar as coisas boas, e se conectar com o mundo. Um país não pode e nem deve viver isolado. Ninguém é uma ilha. Nem mesmo as próprias ilhas.

Por mais pobre ou distante que seja um país, há sempre alguém, alguma coisa, ou alguma forma de se conectar com o resto do mundo.

Os tempos mudaram. As oportunidades estão aí. É chegada a hora de abrir os braços, "abraçar" o mundo, e formar novas parcerias.

**"Parceria"** Essa é a palavra que move o mundo e as sociedades modernas. A ideia não é vender, é formar parcerias comerciais, onde todos os lados ganham e promovam o progresso em ambos os lados.

# Capitulo I
## As importações da Guine Bissau

*As importações da Guine Bissau atingiram seu mais elevado nível de todos os tempos: US$ 341 milhões, em 2018.*

As importações da Guiné Bissau atingiram US$ 341 milhões em 2018. Seu mais elevado nível de todos os tempos.

Os cinco primeiros itens da pauta de importações, **Produtos derivados do petróleo, Cereais, Bebidas diversas, Preparados de cereais** e **Maquinas e Materiais elétricos,** representaram 50% do valor total importado, demonstrando alta concentração dos produtos. Os outros 50% são distribuídos por uma miríade de produtos.

*A importação de derivados de petróleo, principalmente Óleo diesel, para alimentar os geradores de energia, sempre consumiu boa parte das divisas externas do pais. No ano de 2018 esse produto respondeu por 16,5% do total das importações. O principal fornecedor desse produto é Portugal, com mais de 95% das importações totais de combustíveis.*

No conjunto, as importações totais deram um salto de mais de 100% do ano de 2017 para 2018, impulsionadas pelas boas exportações de castanha de caju, do ano anterior.

Se bem que a importações tenham crescido, em todos os setores no biênio 2017 / 2018, destaca-se o crescimento da importação de derivados de petróleo, com incremento de 115% no período e o salto fantástico da importação de alimentos, do capítulo 19 do Sistema Harmonizado - (HS) - Preparados de cereais, farinhas, Amidos e Leite, que saltou de pouco mais de um milhão de dólares, em 2017, para US$ 19 milhões em 2018.

Outro item que chama a atenção são os produtos do capitulo 84, maquinas e equipamentos, que saltaram de pouco mais de US$ 4 milhões, para mais de US$ 16 milhões.

O incremento na importação de maquinas e equipamentos sempre é algo auspicioso, pois significa aumento na produção de bens nos períodos seguintes.

Na tabela a seguir encontramos os principais produtos importados pela Guiné, no período em consideração e suas respectivas participações na pauta de importações.

Os dados constantes dessa tabela foram extraídos das estatísticas do *International Trade Centre – ITC / Trade Map*. A tabela completa das importações da Guiné Bissau encontra-se no anexo III.

# Produtos importados pela Guiné Bissau

| | US$ Thousand | 2017 | 2018 | |
|---|---|---|---|---|
| TOTAL | All products | 176,914 | 341,641 | % total |
| 27 | Mineral fuels / oils | 26,742 | 56,478 | 16,53 |

*A importação de derivados de petróleo, principalmente Óleo diesel, para alimentar os geradores de energia, sempre consumiu boa parte das divisas do pais. Em 2018 esse produto representou 16,5% do total das importações. Principal fornecedor: Portugal, com 95% do total.*

| | | | | |
|---|---|---|---|---|
| 10 | Cereals | 43,090 | 56,037 | 16,40 |

*Arroz é o principal produto alimentício importado pela Guiné. O fornecimento desse produto é realizado por uma plêiade de países, sendo o Paquistão o principal fornecedor, com quase 50%. Em seguida vem a Índia e a China.*

| | | | | |
|---|---|---|---|---|
| 22 | Beverages, spirits | 14,065 | 21,903 | 6,41 |

*Das bebidas importadas pela Guiné, vinhos, cervejas e agua mineral ocupam os três primeiros lugares, com pouca diferença entre os valores importados. O maior fornecedor de vinhos é Portugal, dominando quase 100% do setor. Para cervejas os fornecedores são Portugal e Dinamarca e, para "aguas", Portugal e Espanha.*

| | | | | |
|---|---|---|---|---|
| 19 | Preparations of cereals, flour, starch | 1,117 | 19,120 | 5,59 |

*Produtos da "primeira" industrialização, como os preparados de cereais, pressionam bastante as importações. Neste item o Brasil aparece como principal fornecedor*

| | | | | |
|---|---|---|---|---|
| 85 | Electrical machinery and equipment | 12,274 | 17,793 | 5,21 |

*Maquinas e equipamentos são importantes produtos na pauta de importações. O principal fornecedor desses produtos é a China*

*Fonte: ITC – Trademap – Dados compilados pelo autor*

# Capitulo 02
## As exportações da Guiné Bissau

*A balança comercial da Guiné apresenta déficit crônico, provavelmente como resultado da baixa industrialização do país, e da alta concentração de produtos, tanto na importação quanto na exportação*

A balança comercial da Guiné apresenta um déficit crônico, provavelmente como resultado da alta concentração de produtos, tanto na importação quanto na exportação.

Se pelo lado das importações os cinco primeiros produtos somam mais da metade do total importado, pelo lado das exportações é mais concentrado, ainda, com apenas um produto respondendo por mais de 90% do total exportado. Esse produto é a castanha de caju, que é exportada "in natura" para os países asiáticos.

O cajueiro, na Guiné Bissau, é nativo, havendo poucas plantações "cultivadas". O processo de coleta é livre, havendo famílias que se instalam ao longo das estradas e entram pelas matas de caju, coletando os frutos. Ao final da tarde passam caminhões realizando a compra das castanhas, e pagando em dinheiro sonante.

No processo de coleta apenas a castanha interessa, sendo a polpa descartada ali mesmo, no momento da coleta.

O nível de industrialização, tanto da castanha quanto da polpa, é muito baixo, havendo poucas fabricas, que processam menos de 1% (um por cento) da castanha. A polpa é totalmente descartada. Com raras exceções produz-se algum suco ou até mesmo vinho artesanalmente.

A castanha, quando adquirida na beirada da estrada, é transportada até o porto e estocada em grandes galpões. Às vezes, dependendo dos termos da negociação, recebe algum tratamento antes de ser exportada. O transporte é realizado a granel, nos porões dos navios e/ou em contêineres, dependendo do destino e dos termos em que o negócio foi fechado.

A produção de castanha vem crescendo acentuadamente na Guiné. Na última campanha (safra) apresentou uma produção acima de 200 mil toneladas[1]. Concentrar as exportações do país em um único produto é algo temerário e arriscado. Quando o mercado comprador tambem é composto de um ou dois países, além de temerário e arriscado é, tambem, perigoso. _Quando o país comprador dá um espirro, o país vendedor pega um resfriado._

---

[1] 200 mil toneladas, exportadas a US$ 1500/ton, gera receita de US$ 300 milhões. Essa castanha, processada, poderia gerar uma receita mínima de US$ 600 milhões. Isso sem contar a geração de empregos, o LCC e o aproveitamento dos resíduos

Na tabela a seguir vamos analisar as principais exportações da Guiné Bissau no biênio 2017 / 2018. Os dados constantes da tabela foram extraídos do *International Trade Centre / Trade Map*. A tabela completa das exportações da Guine encontra-se no anexo IV.

## Principais Exportações da Guine Bissau

| Code | Product Exported | 2017 | 2018 | % |
|---|---|---|---|---|
| TOTAL | All products | 189,3 | 150,0 | 100, |
| 08 | Edible fruit and nuts; | 189,3 | 130,2 | 86,6 |
| A castanha de caju é o principal produto de exportação da Guiné. Trata-se de um produto de demanda crescente em todo o mundo e a previsão é que assim continue por mais de uma década. Porem as exportações do produto são realizadas "in natura". Além disso os países importadores se resumem a dois ou três, colocando em risco a estabilidade no comercio exterior. | | | | |
| 03 | Fish and crustaceans, | 0 | 9,9 | 6,6 |
| *Peixes, crustáceos e moluscos são outros produtos exportados in natura ou cedidos para empresas estrangeiras explorarem os recursos do arquipélago de bijagós. É um produto que requer um trato especial para exportação, mas representa alto retorno social e de divisas.* | | | | |
| 44 | Wood and articles of | 0 | 7,622 | 5,0 |
| *Exportação madeira, prática condenável em todo o mundo devido à destruição do meio ambiente, ainda encontra forte apelo na Guiné Bissau. A transformação desse produto em bens para o consumo final, reduz a pressão sobre o meio ambiente e é fator de grande geração de emprego e renda.* | | | | |
| 72 | Iron and Steel | 0 | 827 | 0,5 |
| Ferro e aço exportados pela Guiné são, via de regra, sucatas. | | | | |

*Fonte: ITC – Trademap – Dados compilados pelo autor*

Contrariamente ao ocorrido com as importações, no período 2017 / 18, as **exportações** da Guiné Bissau sofreram uma drástica redução, caindo de US$ 189 milhões para US$ 150 milhões, em 2018, o que representou queda de mais de 20% nas exportações totais. No principal produto, o caju, a queda foi substancialmente maior, 30%. Os técnicos do governo necessitam se debruçar sobre o ocorrido, pois a produção interna e demanda internacional por castanha de caju continuaram crescendo ao longo de todo o período e a previsão é que continue crescendo pelos próximos 10 anos.

As exportações da Guiné estão fortemente concentradas em um único produto, a castanha de caju, fato que expõe o país a fortes oscilações em sua balança comercial, inibindo um planejamento de mais longo prazo, com diversificação da pauta de exportações. Um erro na condução política desse setor pode representar um grande impacto em toda a economia.

A exportação de castanha de caju (HS-08), que em 2017 foi responsável por 100% das exportações do país, caiu substancialmente em 2018, e representou 87% do total exportado. Esse diferencial de 13% foi ocupado pela exportação de Peixes e Crustáceos, Madeira e Derivados, e Ferro e Aço, que responderam por 6,6%; 5,0% e 0,5%, respectivamente.

Na tabela acima podemos verificar o percentual de cada produto na pauta de exportações da Guiné.

*Como dito anteriormente, a concentração das exportações em um único produto, fragiliza o comercio exterior do país, que se torna mais frágil ainda quando os compradores se resumem a um ou dois mercados.*

*Urge uma melhora no ambiente de negócios, de tal forma que propicie uma expansão da base agrícola, industrial e de serviços, para a conquista de novos parceiros comerciais.*

**Na agricultura** pode-se promover uma diversificação tanto na agricultura de exportação quanto na agricultura para o consumo doméstico. Neste último caso o incentivo à agricultura familiar é de fundamental importância.

**Na indústria** a atração de investimentos é fundamental para que se tenha produtos tanto para o atendimento doméstico quanto para a exportação. Para a exportação de produtos industrializados deve se ter como alvo primeiro o mercado do ECOWAS.

**No setor serviços**, a Guine Bissau, através de seu porto, pode se transformar num grande entreposto comercial, abrindo ligações com os demais países que podem ser alcançados por terra ou por serviços de cabotagem.

# Capitulo 03

## Os principais parceiros comerciais da Guiné Bissau.

*O comercio exterior é uma via de mão dupla. O fluxo deve ser equilibrado para não desgastar mais de um lado do que do outro.*

A teoria econômica é enfática ao afirmar que o comercio exterior é um dos pilares do desenvolvimento econômico de qualquer país.

Fato é que, independentemente da aptidão desse ou daquele país, para exportar esse ou aquele produto, o comercio exterior expõe as empresas nacionais à concorrência internacional, advindo daí ganhos de qualidade, de gestão, de agregação de valor e, principalmente, ganho de escala de produção.

Uma coisa é produzir para o mercado interno. Outra coisa, bem distinta, é produzir tanto para o mercado interno quanto para o mercado externo.

O maior incentivo que se pode dar a uma empresa é permitir que ela concorra com os melhores do mundo. O contrário tambem é verdadeiro. Para falir uma empresa basta protege-la das demais. Um dia seus produtos se tornarão tão caros e obsoletos, que ninguém vai adquiri-los.

Se a "mão invisível" de **Adam Smith** regula o mercado através da oferta e da demanda; a "mão dupla" do comercio exterior nos ensina a competir e buscar melhores resultados.

Segundo Adam Smith, autor de **A Riqueza das Nações**, uma "mão invisível" regularia todas as ações da sociedade alocando, da melhor forma possível, seus escassos recursos.

Na tabela a seguir, tendo como base o ano de 2017, vamos analisar as parcerias comerciais da Guine.

No início da tabela destacamos os sete principais **vendedores** para a Guiné Bissau, que são: Portugal, Senegal, Paquistão, China, Índia, Holanda e Espanha.

Esses sete países são responsáveis por vender mais de 80% do que a Guiné compra a cada ano, no mercado internacional.

## Principais exportadores para a Guiné Bissau

| US$ Thousand - 2017 | | |
|---|---|---|
| Guine Imports from the World | 176,914 | % sobre total |
| Portugal | 70,323 | 39,71 |
| Senegal | 23,166 | 12,99 |
| Paquistão | 21,197 | 11,86 |
| China | 10,957 | 6,16 |
| India | 9,309 | 5,25 |
| Netherlands | 8,811 | 4,97 |
| Spain | 6,967 | 3,89 |
| Total 7 primeiros | | 84,83 |
| Brazil | 2,303 | 1,30 |
| Italy | 2,226 | 1,24 |
| Singapore | 2,177 | 1,18 |
| Denmark | 1,667 | 0,94 |
| Malaysia | 1,494 | 0,85 |
| France | 1,293 | 0,73 |
| Morocco | 1,267 | 0,69 |
| Germany | 1,185 | 0,67 |
| U. Arab Emirates | 1,003 | 0,56 |
| Paraguay | 987 | 0,55 |
| Gambia | 959 | 0,54 |

Fonte: ITC – Trademap - Dados compilados pelo autor.

O primeiro vendedor, Portugal, forneceu US$ 70 milhões, o que representa quase 40% das importações realizadas pela Guiné, em 2017. Já o último vendedor desse grupo, a Espanha, vende quase US$ 7 bilhões, participando com 3,89% do total das compras efetivadas pela Guiné Bissau.

Na tabela a seguir destacamos os principais importadores de produtos da Guine Bissau.

Da mesma forma, destacamos os três primeiros importadores de produtos da Guine, que são: Índia, Viet Nam e Singapore.

**Principais importadores da Guiné**

| US$ Thousand - 2017 | | |
|---|---|---|
| Guine exports to the World | 189,269 | % sobre total |
| Índia | 111,887 | 58,73 |
| Viet Nam | 37,215 | 19,57 |
| Singapore | 35,387 | 18,52 |
| Total três primeiros | 184,489 | 97,47 |
| United Arab Emirates | 2,155 | 1,11 |
| Netherlands | 692 | 0,37 |
| Hong Kong, China | 633 | 0,33 |
| China | 575 | 0,30 |
| Ghana | 403 | 0,21 |
| Indonésia | 230 | 0,12 |
| Portugal | 90 | 0,05 |
| Gabon | 3 | === |

Fonte.: ITC – Trademap – Dados compilados pelo autor

Note-se que os três primeiros importadores de produtos da Guine Bissau representam a quase totalidade (97,47%) das exportações da Guiné, e nenhum deles é um grande vendedor para a Guine Bissau.

Os parceiros comerciais da Guiné apresentam enorme discrepância entre importação e exportação, na maioria das vezes funcionando somente como vendedor ou comprador.

Os sete primeiros parceiros "tudo vendem e nada compram", apresentando variadas amplitudes entre exportações e importações.

Portugal, o maior vendedor para a Guiné, vendeu 70 milhões de dólares, em 2017, e comprou apenas US$ 90 mil.

O segundo parceiro, Senegal, vendeu mais de 23 milhões de dólares para a Guiné, e nada comprou.

O Paquistão, da mesma forma, vendeu 21 milhões de dólares para a Guiné, e nada comprou.

A China, incluindo Hong Kong, vendeu algo como 10 milhões de dólares e comprou pouco mais de 1,3 milhões.

A Índia vendeu para a Guiné Bissau apenas US$ 9 milhões, ao mesmo tempo que é o grande mercado comprador, com mais de US$ 111 milhões.

A Holanda, com vendas próximas a $9 milhões, efetua compras bem abaixo de um milhão de dólares.

Para encerrar a lista dos grandes parceiros, a Espanha vende algo próximo de 7 milhões, mas "nada" compra.

Do lado dos grandes compradores destacamos, além da Índia, com US$ 111 milhões, o Vietnam comprando US$ 37 milhões; Singapore, cujas compras ultrapassam US$ 35 milhões (com vendas de US$ 2 milhões para a Guiné), e os Emirados Árabes, que compram algo como US$ 2,1 milhões e vendem pouco mais de um milhão de dólares.

É de se notar que quase não há negócios entre a Guine Bissau e seus vizinhos. O único que tem alguma participação mais ativa é o Senegal, que exerce mais a função de "repassador" do que propriamente de parceiro comercial.

A baixa utilização do porto de Bissau pode estar na raiz desse problema, fazendo com que se importe mais via porto do Senegal do que diretamente pelo porto de Pidijiguite.

Uma boa política para a Guiné seria, a utilização de seu porto num processo de zona de reexportação de produtos vindos do exterior, com destino aos parceiros do ECOWAS, principalmente os "inland countries" e, até mesmo, desenvolvendo uma zona franca destinada a atender as importações dos demais países da Comunidade.

A Guiné está inserida num contexto maior, que é a Comunidade Econômica dos Países da África Ocidental - ECOWAS.

A seguir faremos uma rápida análise da Comunidade Econômica dos Estados da Costa Oeste da África - ECOWAS

O ECOWAS é um dos principais blocos econômicos da África, com população de 377 milhões de habitantes, território de mais de 5 milhões de quilômetros quadrados, e PIB superior a $1.748,6 milhões de dólares. Ver dados do ECOWAS no anexo II.

No tocante ao comercio internacional, as importações e exportações do ECOWAS representam algo como 20% do total importado e exportado pelo continente africano.

No que respeita sua participação nas trocas internacionais, as importações e exportações do ECOWAS representam algo como 0,5% do comercio mundial.

Na tabela abaixo podemos verificar a participação das exportações do ECOWAS face as exportações da África e do mundo.

## Exportações do Mundo, África e ECOWAS

| Exporters | 2016 | 2017 | 2018 | % 16/18 |
|---|---|---|---|---|
| World | 15,881,8 | 17,550,8 | 19,284,5 | 17,6 |
| Africa | 341,0 | 422,9 | 499,1 | 46,3 |
| **ECOWAS** | **68,4** | **85,5** | **105,2** | **54,4** |
| % Ecowas World | 0,43 | 0,48 | 0,54 | |
| % Ecowas Africa | 20,0 | 20,2 | 21,0 | |

*Fonte: ITC – Trademap – Dados compilados pelo autor*

O crescimento das exportações do ECOWAS no período 2016/18, superaram em muito as exportações mundiais e da própria África. Enquanto as exportações mundiais e do continente africano cresceram 17,6% e 46,3% respectivamente, as exportações do ECOWAS cresceram 54,4%, no período em consideração,

Pelo lado das importações, a demanda dos 15 países da Comunidade ECOWAS, representa algo como 20% das importações de toda a África e, no mesmo diapasão, algo como 0,55% das importações mundiais, em 2018.

## Importações do mundo, África e ECOWAS

| Importers US$ billion | 2016 | 2017 | 2018 | % 16/18 |
|---|---|---|---|---|
| World | 16,041,4 | 17,795,0 | 19,665,2 | 22,5 |
| Africa | 461,7 | 506,1 | 576,6 | 24,9 |
| **ECOWAS** | **79,4** | **80,5** | **110,2** | **39,2** |
| % Ecowas / World | 0,49 | 0,45 | 0,55 | |
| % Ecowas / Africa | 17,1 | 15,8 | 19,1 | |

*Fonte: ITC – Trademap – Dados compilados pelo autor*

Seguindo o ritmo determinado pelas exportações (determinado pela receita), as importações do bloco ECOWAS cresceram 39.2% no período 2016/18, bem mais do que as importações de todo o mundo, 22,5% e bem mais do que o próprio continente africano com 24,9%.

A expansão e diversificação das importações e exportações vem demonstrar o forte crescimento das economias de toda a África.

O equilíbrio das contas externas é uma meta perseguida por todas as nações do mundo. Se um déficit nas contas externas não é algo bom, provocando sangria de divisas, um superávit persistente tambem pode provocar pressões inflacionarias e pressão dos importadores por uma maior flexibilização das tarifas de importação.

Uma política de governo deve buscar o equilíbrio nas contas externas como um todo e, tambem, bilateralmente com cada parceiro comercial. O ajuste na balança comercial com cada um dos parceiros, promove o ajuste total das contas nacionais.

Exportar ou importar algum produto é uma atividade dos empresários. O governo pode, no entanto, sinalizar ou indicar as direções que pretende seguir, melhorando o ambiente de negócios para esse ou aquele parceiro.

Os grandes vendedores para a Guiné poderiam abrir suas portas para incrementar as compras oriundas da Guiné, da mesma forma que a Guiné poderia direcionar suas compras internacionais para importar daqueles parceiros que são os grandes compradores de seus produtos.

Parcerias empresariais com os grandes vendedores para a Guine, poderiam solidificar esses "laços de fornecimento", de tal forma que não houvesse falta desses produtos no mercado interno da Guine.

Parcerias comerciais com os grandes compradores da Guine Bissau poderiam consolidar e criar novas parcerias, pois a Guine estaria buscando maior aproximação com aqueles que são os grandes compradores da Guiné.

Portugal, que tudo vende para a Guiné e nada compra de volta, poderia ser a grande porta de entrada dos produtos Guineenses na Europa.

Atrair industrias para produzir na Guine e vender na Europa, através de Portugal, é uma política que pouco custa ao estado, mas que tem grande repercussão e alcance social.

Ao mesmo tempo, facilitar as importações provenientes da Índia, poderia ser uma política simpática para o grande comprador da castanha de Bissau.

Mas, de toda forma, independentemente das políticas "simpáticas" a esse ou aquele país, a Guine deve buscar uma diversificação de sua pauta de exportações. Depender única e exclusivamente de um produto é um política temerária e suicida. Por melhor que seja esse produto, por mais aberto que esteja o mercado internacional; um dia esse mercado pode amanhecer de "mal humor".

Uma queda brusca na receita externa pode ter graves consequências, não somente pela escassez de divisas para honrar os compromissos com os parceiros no exterior, como tambem pela queda no poder aquisitivo interno, o que pode desencadear fortes movimentos sociais.

# Capitulo 04

## As relações comerciais
## Brasil – Guiné

*As relações comerciais Brasil – Guiné NAO condizem com nossa história e passado colonial comuns.  São bem aquém daquilo que poderíamos sonhar.*

As relações comerciais entre Brasil e Guiné Bissau nunca foram muito avantajadas. Seja pelo fato do transporte marítimo ser muito caro para os produtos brasileiros, ou pelo fato de haver pouca oferta de produtos por parte da Guiné.

As relações comerciais Brasil Guine são muito aquém dos nossos desejos e de nossa potencialidade. De toda forma, vez por outra acontece algum negócio, basicamente do Brasil para a Guiné.

Mesmo considerando o bloco econômico no qual a Guine Bissau está inserida, o ECOWAS, as relações comerciais com o Brasil se reduzem, quase que totalmente, ao comercio de comodities.

Como se pode verificar nas tabelas abaixo, a corrente de comercio Brasil x ECOWAS atingiu pouco mais de US$ 3,5 bilhões no ano de 2018.

Os cinco primeiros produtos, tanto nas exportações para o Brasil quanto nas importações proveniente do Brasil, são decisivos no montante do comercio.

Os cinco primeiros produtos representam 79% das importações provenientes do Brasil, enquanto que os cinco primeiros produtos exportados para o Brasil representam nada menos que 98% do total exportado.

## ECOWAS importa do Brasil

| Prod code | Product label | ECOWAS's imports from Brazil – (US$ million) | | |
|-----------|---------------|------|------|------|
| | | 2016 | 2017 | 2018 |
| Total | All products | 1,712,6 | 1,548,3 | 1,572,4 |
| 17 | Sugars and sugar confectionery | 981,9 | 976,1 | 851,4 |
| Os açúcares representam metade do total importado do Brasil, pelo ECOWAS, nos anos em consideração.  57,3,  63,0  e 54, 1%. | | | | |
| 27 | Mineral fuels, mineral oils and products. | 5,0 | 0,19 | 124,2 |
| 10 | Cereals | 74,0 | 106,7 | 123,2 |
| 02 | Meat and edible meat | 56,7 | 38,5 | 88,3 |
| 87 | Vehicles other than railway or tramway | 135,6 | 29,6 | 65,7 |

*Fonte: ITC / TradeMap*

Apesar do volume total de exportações do Brasil para o ECOWAS atingir a expressiva marca de 1,5 bilhão de dólares, a quase totalidade das exportações é composta por produtos primários, cabendo pouco espaço para os produtos manufaturados ou semimanufaturados.

## Exportações do ECOWAS para o Brasil

| Prod. code | Product label | ECOWAS's exports to Brazil – (US$ million) | | |
|---|---|---|---|---|
| | | 2016 | 2017 | 2018 |
| Total | All products | 1,135,4 | 839,4 | 1,958,4 |
| 27 | Mineral fuels, mineral oils | 832,2 | 459,3 | 1,563,8 |
| Petróleo bruto e derivados respondem por 79,8% das exportações do ECOWAS para o Brasil. | | | | |
| 18 | Cocoa and preparations | 210,5 | 193,3 | 199,3 |
| O segundo produto exportado para o Brasil, Cacau, representa  10,1%  do total exportado em 2018. | | | | |
| 31 | Fertilizers | 44,4 | 105,2 | 136,1 |
| Os fertilizantes respondem por 6,9% do total exportado pelo ECOWAS para o Brasil. Os fertilizantes tambem são oriundos da Nigéria, em sua maioria. | | | | |
| 40 | Rubber and articles thereof | 20,7 | 29,2 | 26,0 |
| 08 | Edible fruit / nuts. | 15,4 | 36,6 | 13,2 |

*Fonte: ITC / TradeMap*

Da mesma forma que as exportações do Brasil para o ECOWAS são compostas por produtos primários, as importações do Brasil, provenientes do ECOWAS, tambem são compostas por produtos primários. A balança comercial Brasil / ECOWAS apresenta-se ligeiramente favorável aos africanos, com importações de $1,5 bilhão de dólares, contra exportações de $1,9 bilhão.

Os principais exportadores do bloco ECOWAS são a Nigéria, com exportações concentradas no petróleo; Ghana, com exportações de ouro e pedras preciosas e de decoração, e a Costa do Marfim, com exportação de cacau e castanha de caju.

No caso especifico das relações econômicas da Guine Bissau com o Brasil, podemos verificar na tabela abaixo, que as importações da Guiné Bissau, provenientes do Brasil, atingiram pouco mais de US$ 2 milhões, no ano de 2017.

**Importações da Guiné vindas do Brasil.**

| Total | All products  (US$ mil) | 2.303,0 |
|---|---|---|
| 02 | Meat and edible meat offal | 22,0 |
| 10 | Cereals | 1.077,0 |
| Dentre os cereais importados pela Guiné, o único proveniente do Brasil é o arroz. | | |
| 13 | Lac; gums, resins and other vegetable saps and extracts | 5,0 |
| 17 | Sugars and sugar confectionery | 824,0 |
| O Brasil é um dos grandes fornecedores de açúcar para a Guiné, respondendo por um terço das importações. | | |
| 19 | Preparations of cereals, flour, starch or milk; pastrycooks' products | 216,0 |
| Extrato de malte e preparados de farinha são outros importantes produtos no comercio Brasil x Guiné | | |
| 22 | Beverages, spirits and vinegar | 5,0 |

Fonte: ITC / TradeMap

**Não aconteceram exportações** da Guiné para o Brasil, nem mesmo de castanha de caju, nos últimos três anos.

Há que se considerar que a importação de castanha de caju proveniente da África, era proibida pelo governo brasileiro.

A primeira autorização efetivada pelo governo brasileiro, para importação de castanha de caju da África, foi para importação de castanha da Guiné.

Estranhamente, após dois anos de árduo trabalho para se obter a autorização para que o Brasil pudesse comprar castanha de caju da Guiné Bissau, nada mais aconteceu. Eu trabalhei pessoalmente para obter essa autorização.

Atualmente o Brasil importa castanha da Nigéria, Gana e Costa do Marfim. Porém, nada é importado da Guiné.

Há que se ressaltar, que durante a visita que o presidente Nino Vieira fez ao Brasil, em 2008, foi assinado um protocolo de intenções no qual o Brasil se disponibilizava a ser o "padrinho" da Guine na ONU.

Vale ainda anotar, que durante a visita do presidente Nino Vieira ao Brasil, em 1984, o presidente brasileiro, Joao figueiredo, já colocava em seu discurso a necessidade de uma maior aproximação Brasil Guine, conforme se depreende da parte do discurso do presidente Figueiredo, a seguir:

*"Nossos encontros, Senhor Presidente do Conselho de Estado da Guiné-Bissau, constituem oportunidade para reflexão sobre as circunstâncias internacionais que nos afetam e para o trabalho resoluto em prol das aspirações e interesses comuns".*

Ao que tudo indica, em função do "quase" isolamento das relações Brasil Guine, que todo esforço e toda ação político-diplomática Brasil/Guine, ficou restrita ao discurso. Nada ou muito pouco aconteceu ou foi feito, desde então.

# Capitulo 05
## PALOP´s - O Brasil e a CPLP

*Houve um tempo em que o Atlântico Sul era um grande "rio português".*

*De um lado o Brasil em toda sua extensão e, do outro, na África, dezenas de "pontos" portos ou regiões onde se falava o português*

A comunidade dos Países de Língua Portuguesa - **CPLP**, nasceu da necessidade imperiosa da união e do resgate de nossas raízes históricas.

Composta por nove países, localizados na Europa, na América do Sul, na Ásia e, principalmente, na África, a CPLP desponta como um grande bloco político, econômico e linguístico.

Dos nove países do bloco, um está na Europa, uma na Ásia, um na América do Sul, e seis estão na África. São os Países Africanos de Língua Oficial Portuguesa – PALOP´s.

A posição estratégica de cada um dos PALOP´s no continente africano, os transforma em pontos de grande interesse econômico e para a geopolítica do Brasil e de Portugal.

**Cabo Verde** e **Guiné Bissau** estão localizados na Costa Oeste e fazem parte do Bloco Econômico dos Estados do Oeste da África, **ECOWAS / CEDEAO.**

**Guiné Equatorial** e **São Tomé e Príncipe** estão localizados na África Central, e fazem parte do **CEMAC/UDEAC**, bloco econômico composto por 6 países.

**Angola** e **Moçambique** estão na ponta Sul do continente e pertencem ao **SADC**, o mais rico bloco econômico da África, capitaneado pela África do Sul.

Dos seis países dos PALOP´s, apenas São Tomé e Príncipe não tem embaixada no Brasil. É cumulativa com a Embaixada nos Estados Unidos.

Há grande interesse e vontade política para uma maior união de nossos povos. Porém, vez por outra, os pleitos dos países africanos são desencontrados ou isolados, não traduzindo a real necessidade ou potencialidade dessa ou daquela solicitação.

Fica aqui a ideia da formação de uma entidade que una os interesses dos PALOP´s no Brasil.

A **Frente dos Palop´s no Brasil - FPB,** entidade sem fins lucrativos, teria por objetivo coordenar e harmonizar os pleitos dos países africanos junto ao governo brasileiro, de tal forma que possa colaborar no desenvolvimento das relações do Brasil com os Países Africanos de Língua Oficial Portuguesa – **PALOP´s.**

A união dos embaixadores dos PALOP´s no Brasil traria, sem dúvidas, uma maior eficácia ao relacionamento de cada um dos embaixadores, junto ao governo brasileiro. Seria a "Africa portuguesa" falando através da Frente dos PALOP´s no Brasil.

Frente dos PALOP´s no Brasil. Unidos somos mais fortes!

# Capitulo 06

## Oportunidades e parcerias

*Nenhum país vive isolado*
*Nenhum país é uma ilha*
*Nem mesmo as próprias ilhas*

Nenhum país vive isolado. Nenhum país é uma ilha. Nem mesmo as próprias ilhas. Esta é uma "máxima" cada vez mais atual e evidente.

As relações internacionais não se resumem às relações comerciais e essas, não se resumem a comprar e vender. Mesmo que assim fosse, somente um processo de compra e venda, isso levaria a um estudo em que cada governo e cada empresário, buscaria entender melhor os hábitos, costumes e tradições de cada povo que fosse objeto de suas exportações.

No mundo atual, em que os mercados são disputados ferozmente, torna-se cada vez mais necessário desenvolver acordos comerciais entre governos, melhorando o ambiente de negócios e propiciando aos empresários a formação de parcerias mais longas e duradouras.

Brasil e Guiné têm todas as condições de se tornarem grandes parceiros, desenvolvendo não só a compra e venda de mercadorias, como tambem formando parcerias entre empresas e/ou empresas e governos, ou ainda governo e governo.

Muito há a ser feito nesse sentido, de permitir uma maior proximidade de nossos povos. De permitir importações e exportações mais livres, e de um ambiente mais favorável aos negócios.

PARCERIA! Essa é a palavra chave que norteia os negócios atualmente. Um BOM negócio há que ser bom para ambas as partes. Quando um lado só ganha, isso não é negócio, é imperialismo econômico. Esse termo nós, latino americanos e africanos, conhecemos muito bem, pois de certa forma, sempre fomos explorados pelos países ditos do primeiro mundo.

Como primeiro passo dessa "possível parceria", há que analisar profundamente os projetos que estão em execução, apoiados pela Agencia Brasileira de Cooperação – ABC e, na medida do possível, amplia-los e/ou melhora-los.

As terras férteis da Guiné, a posição privilegiada dentro do ECOWAS, o baixo nível industrial de toda a região, bem como as ligações rodoviárias que começam a surgir, conectando a Guiné a seus vizinhos, tornam a Guiné Bissau o espaço ideal para parcerias com empresários brasileiros do setor agrícola e industrial, para conquista de espaços comerciais dentro do ECOWAS.

O know-how brasileiro na produção agrícola é destaque em todo o mundo. O suporte da Embrapa (Empresa Brasileira de Pesquisa agropecuária) fez o diferencial nesse setor.

O nível de desenvolvimento industrial do Brasil, *vis-à-vis* as necessidades do ECOWAS, tornam esse segmento bastante atrativo para parcerias industriais.

É nesse sentido que destacamos, a seguir, alguns setores da economia da Guiné que poderiam ser acionados para a busca de parcerias com empresários brasileiros visando não só o abastecimento interno como tambem o abastecimento dos mercados limítrofes, como a Gambia, Senegal, Conakry, Mali e demais países da Costa Oeste.

O primeiro setor que se destaca, obviamente, é o setor agrícola, cuja produção de caju é toda exportada para a Índia, Vietnam, Paquistão etc., *in natura,* sem nenhum tipo de processamento.

Se esses países compram a castanha bruta e a transportam por mais de 10 mil milhas marítimas, fazem todo o processo industrial, e depois retornam para vender o produto processado na Europa, por que não desenvolver a industrialização na própria Guiné Bissau e exportar para a Europa, que está ali, a menos de três mil milhas? É algo que pode ser feito com incentivos fiscais, custando "nada" para o governo e gerando emprego e renda para a população.

Nesse setor especificamente, o Brasil tem grande know-how tanto na cultura do caju quanto no processamento e na colocação das amêndoas processadas nos grandes mercados do mundo.

No item produção agrícola, o Brasil já transferiu a tecnologia do cajueiro anão para a Guine Bissau há mais de 20 anos. Eu visitei o projeto. Se não me engano eram 700 hectares de cajueiro anão. E o que aconteceu? Não sei!

O nível de segurança alimentar existente no processamento da castanho no Brasil, é um dos mais elevados do mundo, fator que favorece a comercialização internacional.

O período da safra (campanha) do caju no Brasil acontece em momentos distintos. Na Guiné a campanha ocorre no primeiro semestre do ano, enquanto no Brasil a safra ocorre no segundo semestre. O processamento da castanha do caju ocupa as fabricas por sete ou oito meses apenas, ficando todo o equipamento parado no restante do tempo.

Um acordo operacional entre os produtores de castanha da Guiné e os processadores de castanha no Brasil, poderia ser firmado no sentido de se processar a castanha oriunda da Guiné, numa espécie de "joint venture", nos períodos em que as fabricas no Brasil estivessem paradas.

Dessa forma as fabricas no Brasil não parariam, não teriam o custo da demissão e contratação de empregados, e os produtores de castanha da Guiné estariam iniciando as exportações de um produto genuinamente Guineense, mas processado no Brasil.

Com o tempo, e conhecimento mutuo entre os empresários, fabricas começariam a ser instaladas na Guiné, para processamento da castanha da Guiné (e de outras regiões da Costa Oeste), in loco, gerando divisas, renda local e o aproveitamento do óleo (LCC) e da casca, para venda e geração de energia.

O segundo setor de maior ou mais rápido destaque é o setor das pescas. Todos os anos toneladas de pescado são extraídas do Arquipélago do Bijagós, por empresas estrangeiras, com retorno mínimo para a Guiné Bissau.

Da mesma forma que a castanha de caju é exportada in natura, o pescado tambem vai embora da mesma forma. Talvez pior, ainda, pois os grandes barcos processam o pescado ali mesmo, onde é pescado, deixando para traz apenas o resíduo do processo industrial. Levam o produto limpo e deixam somente a poluição.

Por que não instalar frigoríficos em Bissau, Buba, Cacheu, etc.? A empresa estrangeira que queira pescar no Bijagós instala uma unidade de processamento em qualquer ponto do território da Guiné, pesca, processa o produto e o exporta normalmente. O processamento do pescado em terras guineenses irá gerar empregos, impostos e qualidade de vida para a população.

Da mesma forma, cooperativas de pescadores poderiam ser financiadas para aquisição de barcos de pesca e equipamentos de processamento de pescado.

O pescado dessas cooperativas, enquanto pequenas, seria o mercado interno. Na medida que fossem ganhando escala de produção, poderiam arriscar o mercado regional e, depois, o mercado internacional.

Outro setor de baixo investimento e de alto retorno social, é o setor de processamento de alimentos básicos, como farinha, trigo, arroz, feijão, etc., e seu acondicionamento para a comercialização e o consumo.

Grande parte desses produtos se perde na comercialização (vendas para o consumidor final), quando são vendidos a granel, com as mínimas condições de higiene e do "não desperdício".

O processamento de alimentos e seu acondicionamento em sacos plásticos ou de papel evita a perda, o desperdício e protege os consumidores da contaminação que acontece quando expostos para venda em recipientes abertos.

Industrias dessa natureza não são de alto investimento e há dezenas de empresários que estariam dispostos a se instalar na Guiné mediante acordo jurídico que desse a mínima segurança para o investidor e/ou até mesmo para o empresário local que queira se arriscar nesse setor, montando uma pequena empresa embaladora.

Ainda no setor agroindustrial há diversas fabricas de equipamentos que poderiam ser instaladas na Guiné e atender todos o ECOWAS e, quiçá, mercados mais distantes. Fabricas de facas, foices e facões (catanas), plantadeiras manuais, arados de tração animal etc., são fabricas de pequeno investimento e de amplo mercado. Quanto mais industrias há em um país, mais industrias estão dispostas a se instalar ali, aproveitando a "cultura industrial" existente.

Parcerias para a produção de bens destinados ao mercados da Europa e dos Estados Unidos, aproveitando os incentivos do AGOA, poderiam ser firmadas, com o início da produção no Brasil e termino na Guiné, para daí ser exportado.

A área agrícola e industrial têm um longo e alargado caminho para atender a demanda local, regional e internacional.

Nas parcerias comerciais, ou parcerias público-privadas, a colocação de barcos para transporte de passageiros entre as ilhas, elevaria substancialmente a qualidade de vida dos ilhéus, e incrementaria o turismo de pessoas querendo conhecer as ilhas. Como visitar as belas ilhas do Bijagós, se não há transporte?

Da mesma forma, empresas de transporte urbano poderiam ser convidadas para conhecer o sistema de transporte na Guine Bissau. Parcerias podem ser desenvolvidas com empresários locais.

Além de tudo, na questão da segurança nacional, o Brasil poderia ceder barcos patrulha e aviões tucano para vigia e segurança das fronteiras e, principalmente, do arquipélago do Bijagós, onde barcos estrangeiros "navegam" livremente. Com dois barcos, dois aviões e duas equipas bem treinadas, a Guine passaria a ter o domínio de suas fronteiras, bem como o total controle de seus recursos halieuticos.

Ainda na questão dos acordos entre governos, poderia se criar uma instituição como uma "conta garantidora" das importações da Guine, que teria como lastro as exportações de caju. Essas exportações de caju poderiam ser para o Brasil, ou não. O importante nesse caso é que a "Conta Caju" seja o grande garantidor das ações internacionais dos empresários locais.

Outras ações econômico sociais podem ser articuladas entre os dois povos, como a instituição de "irmandade" entre cidades brasileiras e guineenses, como Bissau e Salvador, por exemplo. Certamente existem fortes laços entre essas duas cidades que desconhecemos e que, se não resgatados, se perderão para sempre na bruma do tempo.

Avançar mais sobre essas possibilidades de parceria entre Brasil e Guiné, demandaria tanto tempo que não terminaríamos nunca este livro.

Mas há alguns setores que não poderiam ficar de fora, neste momento:

Não há nenhuma companhia aérea brasileira fazendo voos para a África. Seria muita ousadia pensar em UM voo por semana, com escala em Bissau, na rota Brasil / Europa? As companhias aéreas brasileiras fazem diversos voos semanais nessa rota. Um desses voos poderia fazer uma escala em Bissau, Senegal ou Conakry, uma vez por semana. Agrega valor a rota e cria um "novo link" entre o Brasil e países da Costa Oeste. Esse é um esforço conjunto, a ser desenvolvido por todos os países envolvidos nessa rota que, de uma forma ou de outra, se beneficiaria dessas escalas.

Por falar em transportes, o transporte marítimo de containers é tão deficitário entre o Brasil e a África quanto o aéreo. E, nesse sentido, não poderíamos deixar de falar do porto de Pidijiguite[2], um porto com quase duzentos anos de história.

---

[2] *Pidijiguite, na língua criola, quer dizer "Eu hei de voltar"*

# Capitulo 07

## O porto de Pidijiguite

*Porto de Pidijiguiti - 1890*

O porto de Pidijiguiti, mais conhecido como Porto de Bissau, já teve dias melhores. Havia uma boa movimentação de barcos e o trabalho de carga e descarga era intenso.

A importação e exportação de mercadorias atendia não somente a Guiné Bissau, mas tambem as regiões limítrofes, sob forte influência econômica de Portugal.

Nos dias atuais a maior movimentação do porto acontece nos meses de Abril, maio e junho, quando da safra (campanha) do caju. No restante do ano há uma sensível queda na movimentação portuária.

Construir um porto, a partir do ponto "zero", é algo bastante dispendioso e demorado. Aproveitar e re-aparelhar um porto existente é outra coisa, com bem menos custo e bem menos tempo.

O Porto de Pidijiguite tem todas as condições de se modernizar e atrair atracação de navios de todas as bandeiras e nacionalidades.

Modernizar o porto de Pidijiguite e transforma-lo "num porto da Costa Oeste" para atender as demandas da Guine e de países vizinhos, é um sonho sonhado há muito tempo, porém nunca realizado.

Um porto num local estratégico e bem equipado, é fator de desenvolvimento para o próprio pais e para toda a região. No caso especifico do Porto de Pidijiguite, a Guine Bissau torna-se um grande parceiro para qualquer país que tenha interesse em desenvolver relações profícuas com a Costa Oeste da África.

Essa é uma parceria que, creio eu, o Brasil veria com muito bons olhos.

# ANEXOS

# Anexo I

## A Guiné Bissau e a Comunidade Econômica dos Estados da Costa Oeste da África ECOWAS

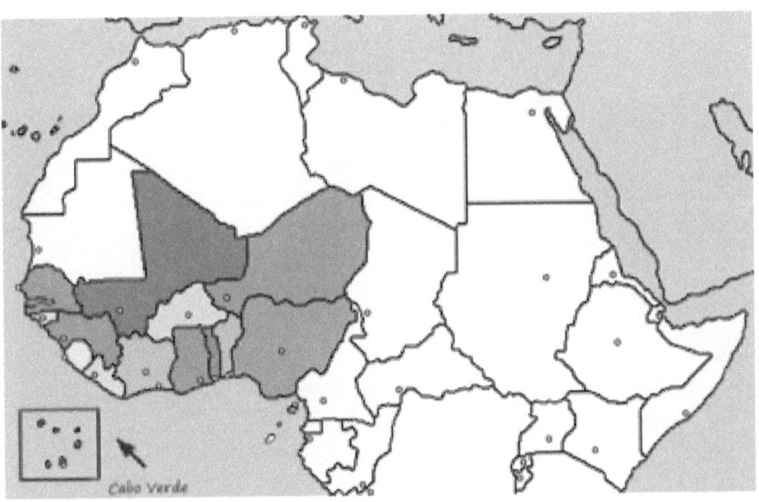

O bloco ECOWAS - Comunidade Econômica dos países da Costa Ocidental da África, foi criado em 1975 e tem por objetivo promover o comércio regional, a cooperação e o desenvolvimento na região da Costa Oeste Africana.

O ECOWAS, é formado por 15 países: Benin; Burkina Faso; Cabo Verde; Costa do Marfim; Gambia; Gana, Guiné; Guiné Bissau; Libéria; Mali; Níger; Nigéria; Senegal, Serra Leoa e Togo.

O tratado do ECOWAS / CEDEAO (sigla em francês), foi revisto em julho de 1993, de forma a acelerar a integração econômica e aumentar a cooperação na esfera política, incluindo a criação do parlamento oeste-africano, um conselho econômico e social e um tribunal para assegurar a execução das decisões da Comunidade. Este "novo" tratado dá formalmente à Comunidade a responsabilidade de evitar e resolver conflitos na região.

## Principais dados do bloco ECOWAS- 2018

| País | População milhões | Território 1000 km2 | PIB – PPP US$ bilhões |
|---|---|---|---|
| Benin | 11.4 | 112,6 | 37.545 |
| Burkina Faso | 19.7 | 274,0 | 39.147 |
| Cabo Verde | 0.5 | 4,0 | 4.047 |
| Côte d'Ivoire | 25.6 | 322,5 | 107.040 |
| The Gambia | 2.2 | 11,3 | 5.947 |
| Ghana | 29.5 | 238,5 | 191.862 |
| Guinea | 13.2 | 245,8 | 30.864 |
| Guinea-Bissau | 1.7 | 36,0 | 3.367 |
| Liberia | 4.4 | 111,4 | 6.330 |
| Mali | 18.5 | 1240,0 | 44.130 |
| Niger | 22.4 | 1267,0 | 23.832 |
| Nigeria | 195.8 | 923,7 | 1,168.751 |
| Senegal | 16.3 | 196,7 | 59.848 |
| Sierra Leone | 7.5 | 71,7 | 12.238 |
| Togo | 7.9 | 56,8 | 13.987 |
| Total | 377,2 | 5112,0 | 1,748,6 |

Fonte: IMF – Dados compilados pelo autor.

Com população se aproximando dos quatrocentos milhões de habitantes, PIB superior a $ 1,7 trilhão de dólares, e território cobrindo mais de cinco milhões de quilômetros quadrados, o ECOWAS veio trazer novos ventos para a estabilidade política e econômica de toda a região.

Dentro do bloco do ECOWAS há um grupo de oito países (Benin; Burkina Faso; Côte d´Ivoire; Guiné Bissau; Mali; Níger; Senegal e Togo), que criou a União Econômica e Monetária do Oeste Africano UEMOA. Essa organização tem um Banco Central Único e uma moeda única, o XOF, ou Franco CFA da África Ocidental.

**Países membros da UEMOA:**

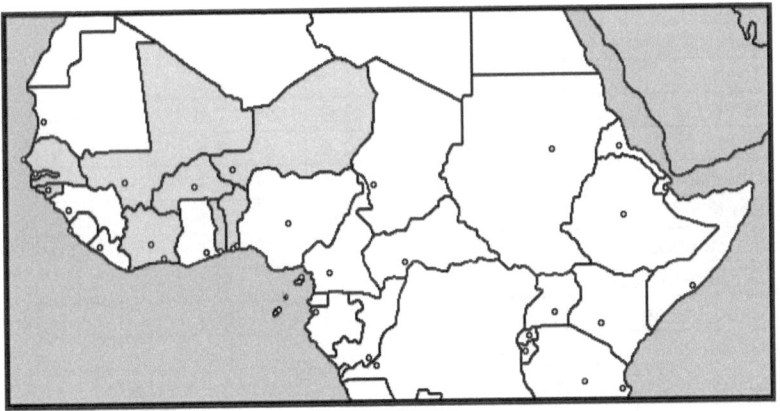

## Exportações totais dos países do ECOWAS

| Exporters | 2016 | 2017 | 2018 | % 2018/16 |
|---|---|---|---|---|
| World | 15,881,8 | 17,550,80 | 19,284,5 | 17,6 |
| África | 341,0 | 422,9 | 499,1 | 46,3 |
| **ECOWAS** | **68,4** | **85,5** | **105,2** | **54,4** |
| % Ecowas / World | 0,043 | 0,048 | 0,054 | -- |
| % Ecowas / Africa | 20,0 | 20,2 | 21,0 | -- |
| Nigeria | 32,8 | 40,7 | 52,9 | 61,3 |
| Ghana | 10,6 | 14,3 | 17,0 | 60,3 |
| Côte d'Ivoire | 10,6 | 12,5 | 11,8 | 11,3 |
| Guinea | 3,5 | 6,1 | 6,2 | 77,1 |
| Senegal | 2,6 | 2,9 | 3,6 | 38,4 |
| Burkina Faso | 2,5 | 2,8 | 3,2 | 28,0 |
| Togo | 0,7 | 0,7 | 2,9 | 314,3 |
| Mali | 2,8 | 1,9 | 2,9 | 3,6 |
| Niger | 0,9 | 1,9 | 1,5 | 66,6 |
| Liberia | - | 0,1 | 1,4 | -- |
| Benin | 0,4 | 0,7 | 0,9 | 125,0 |
| Sierra Leone | 0,5 | 0,1 | 0,2 | (-)60,0 |
| Guinea-Bissau | - | 0,1 | 0,1 | -- |
| Cabo Verde | 0,06 | 0,05 | 0,07 | -- |
| Gambia | 0,09 | 0,02 | 0,01 | -- |

*Fonte: ITC-TradeMap - US$ million – Dados compilados pelo autor*

As exportações do bloco ECOWAS representam mais de 20% do total das exportações africanas, e algo como 0,5% das exportações mundiais.

A maioria dos países do ECOWAS apresentou exportações crescentes, no período 2016/2018, com alguns países extrapolando 50% de crescimento das exportações no período em consideração.

## Importações totais dos países do ECOWAS

| Importers US$ million | Imported 2016 | Imported 2017 | Imported 2018 | % 2018/16 |
|---|---|---|---|---|
| World | 16,041.4 | 17,795.0 | 19,665.2 | 22,6 |
| África | 461,7 | 506,1 | 576,6 | 24,9 |
| **ECOWAS** | **79,4** | **80,5** | **110,2** | **39,2** |
| % Ecowas / World | 0,049 | 0,047 | 0,056 | 14,3 |
| % Ecowas / Africa | 17,2 | 15,9 | 19,3 | 12,2 |
| Nigeria | 35,1 | 28,9 | 36,4 | 3,7 |
| Togo | 1,7 | 1,6 | 11,8 | 594,1 |
| Ghana | 11,3 | 12,7 | 11,8 | 4,4 |
| Côte d'Ivoire | 8,4 | 9,6 | 10,9 | 29,7 |
| Liberia | | 1,2 | 9,7 | 808,0 |
| Senegal | 5,4 | 6,7 | 8,0 | 48,1 |
| Guinea | 3,5 | 4,2 | 4,4 | 25,7 |
| Burkina Faso | 3,3 | 3,7 | 4,3 | 30,3 |
| Mali | 3,8 | 4,3 | 3,8 | 0,0 |
| Benin | 2,6 | 3,0 | 3,2 | 23.0 |
| Niger | 1,8 | 1,7 | 2,6 | 44,4 |
| Sierra Leone | 1,0 | 1,0 | 1,0 | 0,0 |
| Cabo Verde | 0,6 | 0,7 | 0,8 | 33.3 |
| Gambia | 0,3 | 0,5 | 0,6 | 100,0 |
| Guiné-Bissau | | 0,2 | 0,3 | 50,0 |

*Fonte.: ITC – Trademap – Dados compilados pelo autor*

Se bem que venham caindo nos últimos dois anos, as importações do grupo ECOWAS situa-se a volta dos 20% do total das importações africanas.

Há de se observar que países como o Togo. Benin, Libéria e Gambia, que pouco participavam do comercio internacional, incrementaram fortemente suas importações e exportações nos últimos anos.

# Anexo II

## Tabela das importações da Guiné Bissau

# Produtos importados pela Guiné Bissau

| | US$ Thousand | 2017 | 2018 |
|---|---|---|---|
| TOTAL | All products | 176,914 | 341,641 |
| 27 | Mineral fuels, mineral oils and products of their distillation; | 26,742 | 56,478 |

*A importação de derivados de petróleo, principalmente Óleo diesel, para alimentar os geradores de energia, sempre consumiram boa parte das divisas externas do pais. No ano de 2018 esse produto respondeu por 16,5% do total das importações. O principal fornecedor desse produto é Portugal, com mais de 95% do total.*

| | | | |
|---|---|---|---|
| 10 | Cereals | 43,090 | 56,037 |

*O arroz é o principal produto alimentício importado pela Guiné. O fornecimento desse produto é realizado por uma plêiade de países, sendo o Paquistão o principal fornecedor, com quase 50%. Em seguida vem a Índia e a China, as vezes se alternando.*

| | | | |
|---|---|---|---|
| 22 | Beverages, spirits/vinegar | 14,065 | 21,903 |

*Dentre as bebidas importadas pela Guiné, vinhos, cervejas e agua mineral ocupam os três primeiros lugares, com pouca diferença entre os valores importados. O maior fornecedor de vinhos é Portugal, dominando quase 100% do setor. Para cervejas os principais fornecedores são Portugal e Dinamarca e, para "aguas" Portugal e Espanha dividem o fornecimento.*

| | | | |
|---|---|---|---|
| 19 | Preparations of cereals, flour, starch or milk; pastrycooks' | 1,117 | 19,120 |

*Produtos da "primeira" industrialização, como os preparados de cereais, pressionam bastante as importações. Neste item específico o Brasil aparece como principal fornecedor*

| | | | |
|---|---|---|---|
| 85 | Electrical machinery and equipment and parts thereof; | 12,274 | 17,793 |

*Maquinas e equipamentos elétricos são importantes produtos na pauta de importações da Guiné. O principal fornecedor desses produtos é a China*

| | | | |
|---|---|---|---|
| 84 | Machinery, mechanical appliances, nuclear reactors, boilers; parts thereof | 4,923 | 16,417 |

*Maquinas e aparelhos mecânicos têm como principal fornecedor o Senegal. Muitas dessas maquinas sejam, provavelmente, produtos de reexportação.*

| | | | |
|---|---|---|---|
| 87 | Vehicles other than railway or tramway rolling stock, and parts and accessories thereof | 6,149 | 13,880 |

*Veiculos para a Guiné são fornecidos, em sua maioria, pelo Senegal, num processo de reexportação.*

| | | | |
|---|---|---|---|
| 21 | Miscellaneous edible preparations | 1,240 | 10,920 |
| 72 | Iron and steel | 2,281 | 10,685 |
| 39 | Plastics and articles thereof | 1,504 | 10,319 |
| 25 | Salt; sulphur; earths and stone; plastering materials, cement | 9,601 | 9,855 |
| 11 | Products of the milling industry; malt; starches; inulin | 7,188 | 8,605 |
| 15 | Animal or vegetable fats, oils and their cleavage products; | 3,607 | 8,205 |
| 73 | Articles of iron or steel | 13,364 | 7,069 |
| 94 | Furniture; bedding, mattresses, mattress supports, | 1,884 | 5,467 |
| 04 | Dairy produce; birds' eggs; natural honey; edible products | 3,155 | 5,057 |
| 02 | Meat and edible meat offal | 2,829 | 4,389 |
| 69 | Ceramic products | 2,065 | 4,374 |
| 07 | Edible vegetables and certain roots and tubers | 935 | 4,086 |
| 30 | Pharmaceutical products | 1,297 | 3,930 |
| 17 | Sugars and sugar confectionery | 1,331 | 3,353 |
| 20 | Preparations of vegetables, fruit, nuts or other parts | 1,480 | 3,146 |
| 63 | Other made-up textile articles; sets; worn clothing | 2,031 | 3,142 |
| 48 | Paper and paperboard; articles of paper pulp, of paper or of | 507 | 2,978 |
| 34 | Soap, organic surface-active agents, washing preparations, lubricating preparations | 1,046 | 2,936 |
| 24 | Tobacco and manufactured tobacco substitutes | 714 | 2,708 |
| 90 | Optical, photographic, | 790 | 2,421 |

| | | | |
|---|---|---|---|
| | cinematographic, measuring, checking, precision, medical | | |
| 33 | Essential oils and resinoids; perfumery, cosmetic or toilet | 271 | 2,057 |
| 31 | Fertilisers | 329 | 1,964 |
| 44 | Wood and articles of wood; wood charcoal | 437 | 1,934 |
| 96 | Miscellaneous manufactured articles and other products | 365 | 1,730 |
| 55 | Man-made staple fibres | 11 | 1,362 |
| 32 | Tanning or dyeing extracts; tannins and their derivatives; | 392 | 1,233 |
| 38 | Miscellaneous chemical products | 215 | 1,091 |
| 18 | Cocoa and cocoa preparations | 81 | 935 |
| 68 | Articles of stone, plaster, cement, asbestos, mica or similar materials | 224 | 885 |
| 99 | Commodities not elsewhere specified | 0 | 861 |
| 49 | Printed books, newspapers, pictures and other products | 234 | 854 |
| 64 | Footwear, gaiters and the like; parts of such articles | 581 | 845 |
| 76 | Aluminium and articles thereof | 424 | 830 |
| 29 | Organic chemicals | 1,316 | 807 |
| 40 | Rubber and articles thereof | 540 | 777 |
| 16 | Preparations of meat, of fish or of crustaceans, molluscs | 351 | 776 |
| 88 | Aircraft, spacecraft, and parts thereof | 0 | 698 |
| 08 | Edible fruit and nuts; peel of citrus fruit or melons | 206 | 671 |
| 67 | Prepared feathers and down and articles made of feather | 3 | 606 |
| 83 | Miscellaneous articles of metal | 137 | 553 |
| 09 | Coffee, tea, mate, spices | 55 | 510 |
| 03 | Fish, crustaceans, molluscs and other | 57 | 483 |

| | | | |
|---|---|---|---|
| 56 | Wadding, felt and nonwovens; special yarns; twine, cordage, | 11 | 468 |
| 61 | Articles of apparel and clothing accessories, knitted crocheted | 141 | 466 |
| 28 | Inorganic chemicals; organic or inorganic compounds of p | 90 | 444 |
| 82 | Tools, implements, cutlery, spoons and forks, of base metal; parts thereof | 295 | 407 |
| 62 | Articles of apparel and clothing not knitted or crocheted | 177 | 331 |
| 70 | Glass and glassware | 374 | 323 |
| 42 | Articles of leather; saddlery and harness; travel goods | 116 | 265 |
| 95 | Toys, games and sports requisites; parts and... | 139 | 199 |
| 36 | Explosives; pyrotechnic products; matches; pyrophoric alloys | 1 | 123 |
| 35 | Albuminoidal substances; modified starches; glues; enzymes | 37 | 105 |
| 23 | Residues and waste from the food industries; prepared | 49 | 89 |
| 57 | Carpets and other textile floor | 89 | 83 |
| 37 | Photographic or cinematographic | 19 | 81 |
| 74 | Copper and articles thereof | 603 | 80 |
| 86 | Railway or tramway locomotives, rolling stock and parts thereof; railway | 10 | 78 |
| 52 | Cotton | 84 | 51 |
| 54 | Man-made filaments; strip and the like of man-made textile | 161 | 49 |
| 12 | Oil seeds and oleaginous fruits; miscellaneous grains, seeds and fruit; industrial or | 3 | 40 |
| 65 | Headgear and parts thereof | 11 | 34 |
| 14 | Vegetable plaiting materials; | 6 | 30 |

| | | | |
|---|---|---|---|
| | vegetable products not elsewhere specified included | | |
| 58 | Special woven fabrics; tufted textile fabrics; lace; tapestries; | 8 | 28 |
| 89 | Ships, boats and floating structures | 209 | 27 |
| 05 | Products of animal origin, not elsewhere specified | 0 | 22 |
| 66 | Umbrellas, sun umbrellas, walking sticks, seat-sticks, whips, riding-crops and parts | 97 | 19 |
| 59 | Impregnated, coated, covered or laminated textile fabrics; textile articles | 20 | 14 |
| 80 | Tin and articles thereof | 0 | 11 |
| 75 | Nickel and articles thereof | 3 | 7 |
| 79 | Zinc and articles thereof | 608 | 6 |
| | Os artigos do capitulo 79, Zinco e artigos de Zinco, são importados principalmente de Portugal, que mantem uma base muito forte junto à construção civil da Guiné Bissau | | |
| 97 | Works of art, collectors' pieces | 7 | 4 |
| 46 | Manufactures of straw, of esparto or of other plaiting materials; | 16 | 4 |
| 01 | Live animals | 2 | 3 |
| 91 | Clocks and watches and parts | 3 | 3 |
| 92 | Musical instruments; parts and accessories of such articles | 4 | 3 |
| 71 | Natural or cultured pearls, precious or semi-precious | 3 | 2 |
| 51 | Wool, fine or coarse animal hair; horsehair yarn and woven | 1 | 2 |
| 06 | Live trees, other plants; bulbs, roots and the like; cut flowers,ornamental | 0 | 1 |

# Anexo III

## Tabela das exportações
## da Guiné Bissau

# Exportações da Guiné Bissau

| | Exportações / US$ Thousand | 2017 | 2018 |
|---|---|---|---|
| TOTAL | All products | 189,269 | 150,056 |
| 08 | Edible fruit and nuts; peel of citrus fruit or melons | 189,269 | 130,201 |
| *A castanha de caju é o grande produto de exportação da Guiné. Os principais compradores são a Índia, o Vietnam e Singapore.* | | | |
| 03 | Fish and crustaceans, molluscs and other aquatic invertebrates | 0 | 9,972 |
| *A exportação de pescado, se bem que de forma muy tímida, começa a despontar no cenário de exportação da Guiné Bissau. É um setor que, se bem trabalhado, pode gerar grande retorno para a Guiné.* | | | |
| 44 | Wood and articles of wood; wood charcoal | 0 | 7,622 |
| *A exportação de madeira ainda representa uma forte fonte de divisas. Na medida em que aumentam a pressões internacionais pela preservação do meio ambiente, esse setor deve ser bastante afetado.* | | | |
| 72 | Iron and steel | 0 | 827 |
| 85 | Electrical machinery and equipment and parts thereof; sound recorders and reproducers, television . . . | 0 | 269 |
| 99 | Commodities not elsewhere specified | 0 | 263 |
| 12 | Oil seeds and oleaginous fruits; miscellaneous grains, seeds and fruit; industrial or medicinal . . . | 0 | 155 |
| 39 | Plastics and articles thereof | 0 | 150 |
| 84 | Machinery, mechanical appliances, nuclear reactors, boilers; parts thereof | 0 | 139 |
| 87 | Vehicles other than railway or tramway rolling stock, and parts and accessories thereof | 0 | 85 |
| 13 | Lac; gums, resins and other vegetable saps and extracts | 0 | 44 |

| 07 | Edible vegetables and certain roots and tubers | 0 | 41 |
|----|----|----|----|
| 76 | Aluminium and articles thereof | 0 | 38 |
| 90 | Optical, photographic, cinematographic, measuring, checking, precision, medical or surgical . . . | 0 | 37 |
| 09 | Coffee, tea, maté and spices | 0 | 35 |
| 19 | Preparations of cereals, flour, starch or milk; pastrycooks' products | 0 | 35 |
| 95 | Toys, games and sports requisites; parts and accessories thereof | 0 | 23 |
| 21 | Miscellaneous edible preparations | 0 | 19 |
| 30 | Pharmaceutical products | 0 | 17 |
| 29 | Organic chemicals | 0 | 16 |
| 15 | Animal or vegetable fats and oils and their cleavage products; prepared edible fats; animal . . . | 0 | 14 |
| 94 | Furniture; bedding, mattresses, mattress supports, cushions and similar stuffed furnishings; . . . | 0 | 6 |
| 23 | Residues and waste from the food industries; prepared animal fodder | 0 | 5 |
| 01 | Live animals | 0 | 5 |
| 63 | Other made-up textile articles; sets; worn clothing and worn textile articles; rags | 0 | 5 |
| 56 | Wadding, felt and nonwovens; special yarns; twine, cordage, ropes and cables and articles thereof | 0 | 4 |
| 73 | Articles of iron or steel | 0 | 4 |
| 22 | Beverages, spirits and vinegar | 0 | 3 |
| 61 | Articles of apparel and clothing accessories, knitted or crocheted | 0 | 2 |

| 25 | Salt; sulphur; earths and stone; plastering materials, lime and cement | 0 | 2 |
|----|----|----|----|
| 27 | Mineral fuels, mineral oils and products of their distillation; bituminous substances; mineral | 0 | 2 |
| 11 | Products of the milling industry; malt; starches; inulin; wheat gluten | 0 | 1 |
| 38 | Miscellaneous chemical products | 0 | 1 |
| 49 | Printed books, newspapers, pictures and other products of the printing industry; manuscripts, . . . | 0 | 1 |
| 59 | Impregnated, coated, covered or laminated textile fabrics; textile articles of a kind suitable | 0 | 1 |
| 69 | Ceramic products | 0 | 1 |

# Nota de agradecimento.

Uma obra dessa envergadura, que abrange a realidade de dois mundos complementares, mas diferentes e distantes, somente é possível com a participação e colaboração de muitas pessoas, de ambos os lados do Atlântico.

Tantos são os amigos, que se torna difícil cita-los a todos. De toda forma guardo profundo respeito por todos eles e, principalmente, pelo povo da Guine Bissau, cada vez mais irmão.

Traduzo meus agradecimentos aos amigos e ao povo da Guine Bissau, na figura do senhor Domingos Simões Pereira, digno representante do povo da Guine, a quem tive o prazer de ofertar um outro livro, _Onde está Jonathan Makeba_, que recebeu de sua excelência as melhores críticas. Que Deus e Alah o ajudem a conduzir bem essa terra abençoada.

# O autor

Altair Maia é economista pela Universidade de Brasília - UnB, com especialização em Comércio Exterior e Relações Internacionais.

Trabalhou no Ministério das Relações Exteriores e no Ministério da Indústria e do Comércio.

Como professor de Economia lecionou na Universidade Católica de Brasília, na Uneb, e na Escola de Administração Fazendária do Ministério da Fazenda.

Como profissional liberal e consultor, elaborou projetos os mais diversos, sempre ligados à importação e exportação. Participou de feiras e missões comerciais em diversos países principalmente na Europa e nas Américas.

Hoje dedica-se à consultoria internacional, especialmente em assuntos africanos, e a proferir palestras em universidades e entidades no Brasil e no exterior.

# Obras publicadas

### ZPCAS – A new deal for South Atlantic

Proposta a criaçao de uma grande zona commercial no Atlantico Sul

### Relações Economicas Internacionais

Como o mundo funciona? Este é um livro que "traduz" o funcionamento das diversas instituições internacionais

### GRIOTS – Sons & Cores de África

Hábitos e costumes africanos que causam arrepios.

### Mundo mundo, Vasto mundo

O descuido com a natureza está destruindo nosso planeta.

### O desafio do Atlântico Sul

Mercadorias brasileiras com destino à África, passeiam pela Europa, para depois seguirem para seus destinos. Análise e sugestões para a logística no Atlântico Sul

### Máscaras e Caveiras

Uma aventura em busca de objetos para os rituais do Candomblé, em pleno "coração" da África.

### Comércio Exterior e Negociações Internacionais.

Desvendando as mazelas do Comercio internacional.

## Rosa Mutilada

Descrevendo a luta contra a MGF - Mutilação Genital Feminina.

## África, um negócio da China.

O mercado africano, com sua vasta potencialidade, está sendo devagar e paulatinamente conquistado pela China. E os brasileiros, irmãos de sangue de quase todos os povos africanos, ficam aqui, parados.

## Onde está Jonathan Makeba?

Livro analítico dos entraves ao desenvolvimento africano, principalmente da região do Sahel, envolvendo negócios, governo, empresários e corrupção.

## Baobá. Cenas e fatos d´África.

Uma coletânea de textos narrando fatos e cenas do quotidiano dos países africanos.

## Filhos da Lua

Uma caçada implacável aos negros albinos, para suas partes serem transformadas em amuletos da sorte.

## Mucubal – Um povo diferente.

Costumes de uma tribo africana que nos deixa boquiabertos, mas que tem certo "senso de realidade"

## Manual de Exportação para Pequenas Empresas

Trata-se de uma obra destinada a "abrir" as portas do Comércio Internacional para as Pequenas empresas.

## O Dino que queimou o pé

Um livro infantil, que as crianças recomendam para os adultos.

E-mail para contato: **altair2001@yahoo.com**

# Obras e sites de Referencia.

- International Trade Centre – ITC / Trade Map

- World Trade Organization - WTO

- Assembleia Nacional Popular da Guine Bissau

   História da Guine Bissau / África.

- Determinantes das Exportações de Castanha de Caju da Guiné-Bissau (1986-2011): uma análise sob a ótica do modelo de gravidade de Bergstrand - Júlio Vicente Cateia, Gilberto de Oliveira Veloso e Paulo Ricardo Feistel.

- The Observatory of Economic Complexity – www.oec.com

- Maia, Altair - Logística Internacional – O desafio do Atlântico Sul, Ed. Kiron, março 2017

- Smith, Adam – Cf: A riqueza das nações

Adam Smith nasceu na Escócia, em 1723.

Economista brilhante, considerado o pai da economia moderna, desenvolveu uma teoria na qual o estado deveria intervir o menos possível na economia, e que a oferta e a demanda ajustariam todos os desvios da economia através de uma "mão invisível" que guiaria a sociedade para a melhor alocação de seus recursos, materiais e humanos.